女声合唱組曲

光と木の影に

和合亮一 作詩
上田 益 作曲

カワイ出版

「光と木の影に」に寄せて

　東日本大震災が起こった 2011 年。あれから 5 年の歳月が流れました。

　震災後すぐに、ツイッターをきっかけになんの面識も無かった詩人の和合亮一さんと知り合うことになります。そして 1 週間後には電話で話をし、1 ヶ月後には福島市で直接お目にかかって詩の依頼をしていました。

　私が主宰し、阪神・淡路大震災の被災地「神戸」から活動を始めていた追悼と希望の合唱プロジェクト「レクイエム・プロジェクト」のことをお伝えし、是非とも和合さんと一緒に合唱曲を創りたいと思ったからでした。

　その出会いから、合唱組曲「黙礼」（混声版、女声版）〔カワイ出版刊〕が生まれ、今では各地で歌われています。震災後わずか数ヶ月後に、和合さんから届いた「黙礼」の詩には、張り裂けるばかりの悲しみ、苦しみ、いのちへの深い思い、希望などが綴られていて、その詩による全5曲の組曲を作曲。そして 2011 年 10 月末に東京で初演しました。

　レクイエム・プロジェクトの活動は自然災害や戦災で傷ついた全国 10 カ所でこれまで行っていて、現在もその内の 7 箇所で継続した活動が続いています。「光と木の影に」の詩は、その活動地域のひとつ「仙台」で 2013 年 11 月に前述の「黙礼」を演奏した際、朗読で来ていただいた和合さんが「続編を書きます！」と演奏会の打上げの席で自ら宣言され、2014 年の 1 月に送っていただいたものです。「黙礼」に比べて悲しみや苦しみ、いのちへ思いがより簡略化、抽象化されていて、私自身が和合さんの思いを自分の中で共有し音楽として創り上げるには、さらに時間を要しました。

　そしてようやく作曲を終えて 2015 年 7 月に仙台で混声版初演を行ったのち、すぐに女声版に取り掛かり、今回出版となったこの女声版は 2016 年の 4 月に東広島市で素敵な演奏により初演され、「おかあさんコーラス大会」でも歌われました。

　この組曲の中には「木の葉」という言葉がたくさん出てきます。それは震災で亡くなった多くの方々そのものであり、またその方々の無念の思い、残された人たちの悲しみや苦しみだけではない複雑な思いでもあると思っています。この組曲を歌って下さる皆さんそれぞれが、言葉の意味を考えるというよりも感じ取って下さり、いのちの大切さを伝える楽曲のひとつになればと願っています。

　出版にあたり、組曲名や各楽曲の曲名を初演時のものから一部変更しました。最後に、詩を書き下ろして下さった和合亮一さん、そして牧野さえ子さんはじめ出版にご尽力いただいたカワイ出版の皆さまに心から感謝いたします。

2016 年 9 月

上田　益

女声合唱組曲
光と木の影に

1. 木の葉 .... [2分55秒] 4
2. つぼみ .... [3分10秒] 11
3. 風の音、葉の音 .... [4分00秒] 19
4. 光と木の影に .... [5分45秒] 31
　　詩 47

●全曲の演奏時間＝約 16 分

　　　　　初　演：2016 年 4 月 9 日
　　　　　　　　　東広島芸術文化ホールくらら　小ホール
　　　　　　　　　《The 18th concert 東広島女声 Vía Láctea ～上田 益を歌う～》
　　　　　指　揮：佐伯康則
　　　　　ピアノ：大下枝里子
　　　　　合　唱：東広島女声 Vía Láctea 、La Clavellina

皆様へのお願い

楽譜や歌詞・音楽書などの出版物を権利者に無断で複製（コピー）することは、著作権の侵害（私的利用など特別な場合を除く）にあたり、著作権法により罰せられます。また、出版物からの不法なコピーが行われますと、出版社は正常な出版活動が困難となり、ついには皆様方が必要とされるものも出版できなくなります。
音楽出版社と日本音楽著作権協会（JASRAC）は、著作者の権利を守り、なおいっそう優れた作品の出版普及に全力をあげて努力してまいります。どうか不法コピーの防止に、皆様方のご協力をお願い申しあげます。
　　　　　　　　　　　　　　　　　　　　　　　　　　　　　カワイ出版
　　　　　　　　　　　　　　　　　　　　　　一般社団法人　日本音楽著作権協会

携帯サイトはこちら▶

出版情報＆ショッピング　**カワイ出版ONLINE**　http://editionkawai.jp

1. 木の葉

和合亮一 作詩
上田　益 作曲

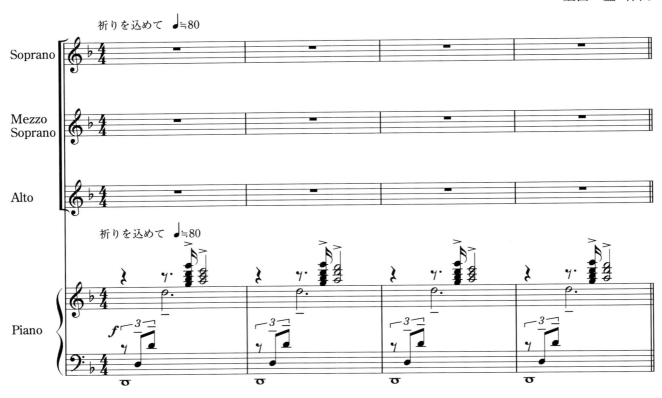

© 2016 by edition KAWAI. Assigned 2017 to Zen-On Music Co., Ltd.

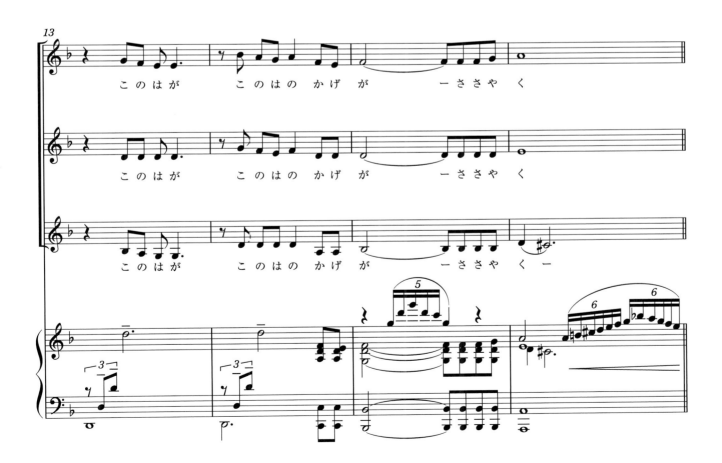

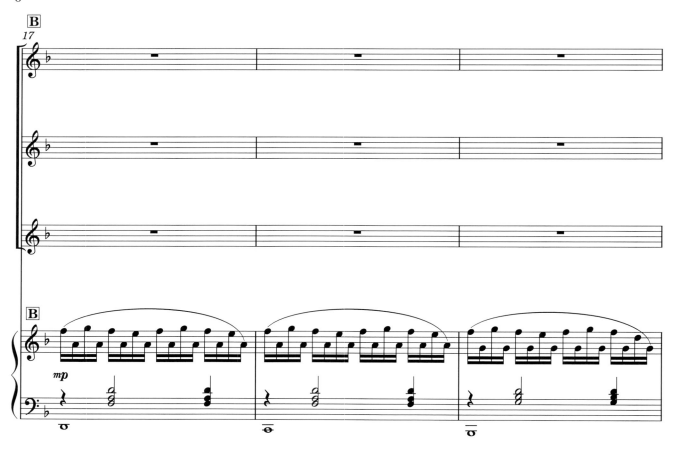
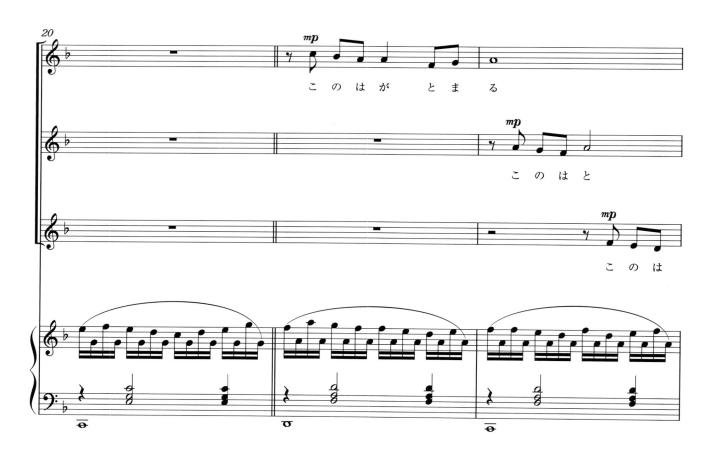

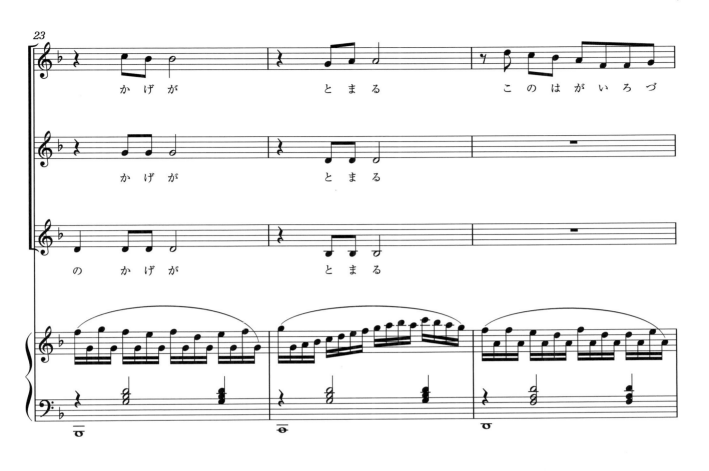

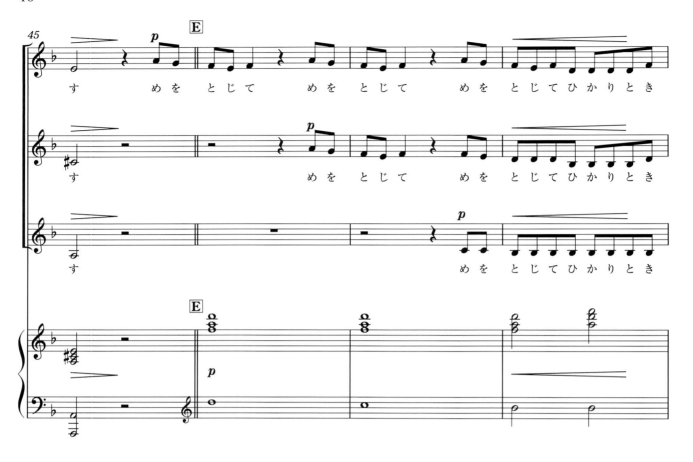

2. つぼみ

和合亮一　作詩
上田　益　作曲

© 2016 by edition KAWAI. Assigned 2017 to Zen-On Music Co., Ltd.
楽譜・音楽書等出版物を複写・複製することは法律により禁じられております。

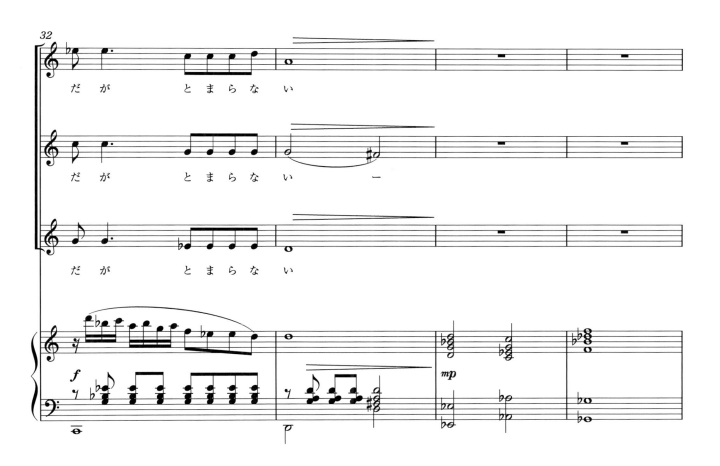

18

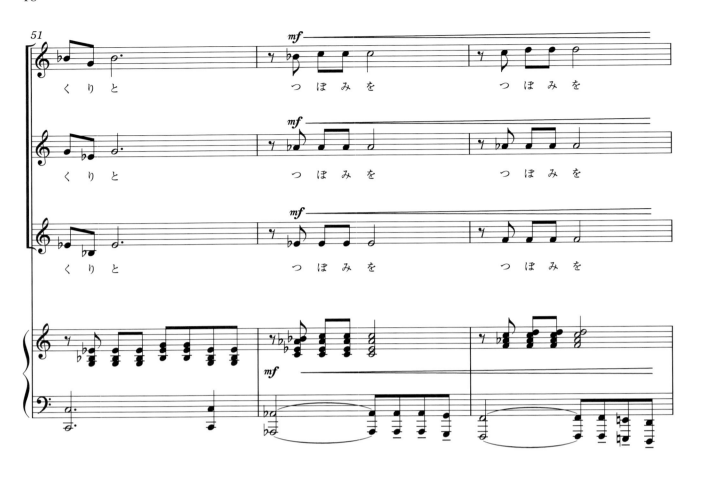

3. 風の音、葉の音

和合亮一 作詩
上田　益 作曲

© 2016 by edition KAWAI. Assigned 2017 to Zen-On Music Co., Ltd.

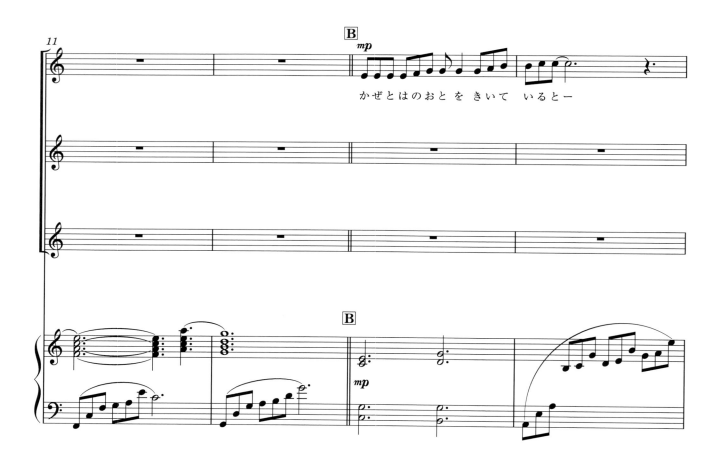

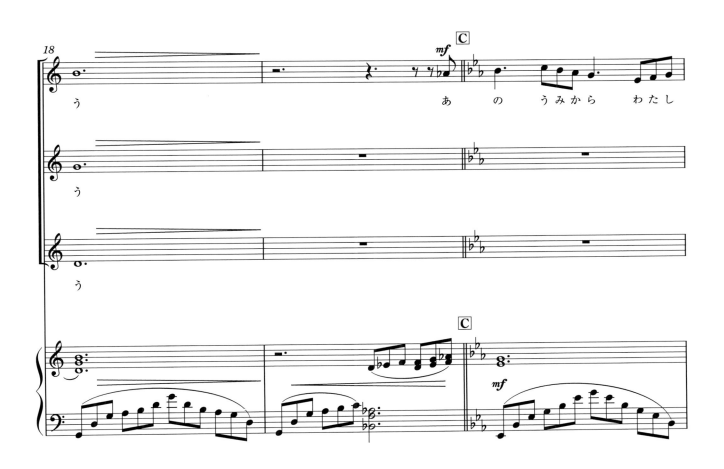

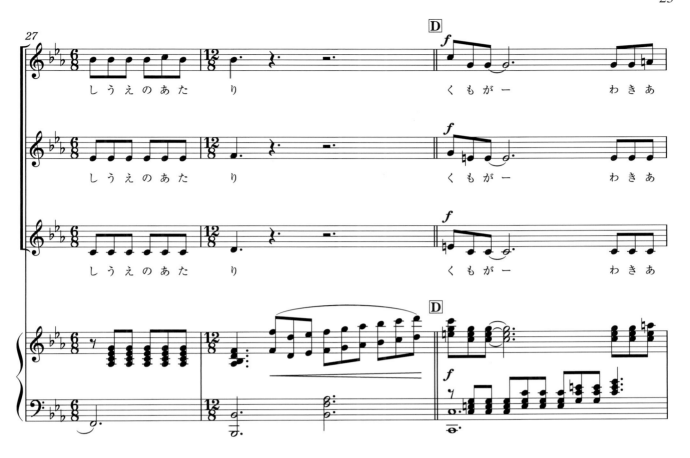

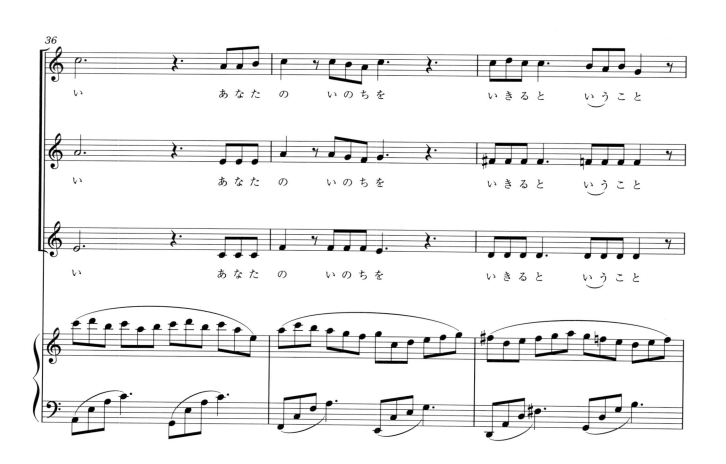

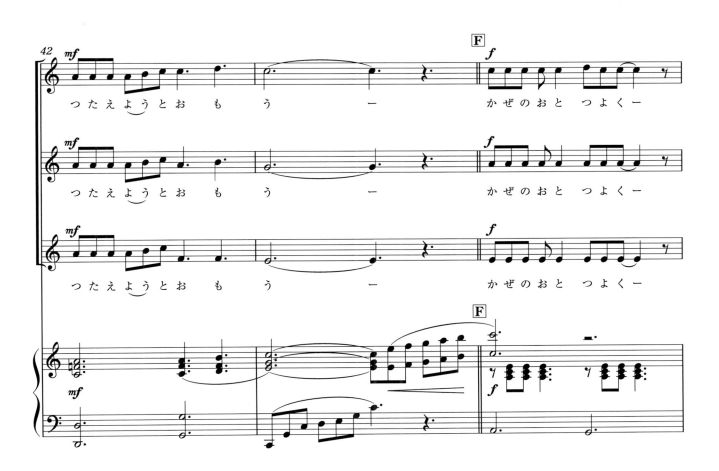

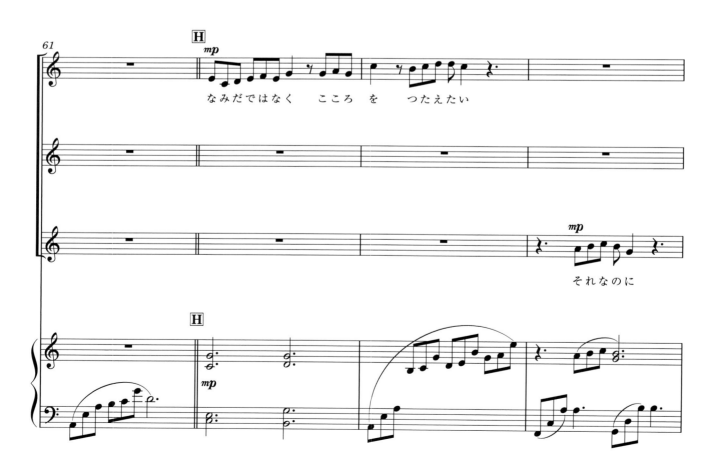

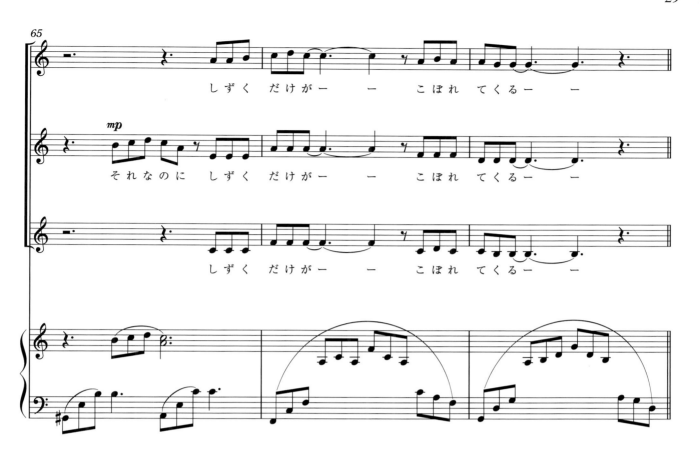
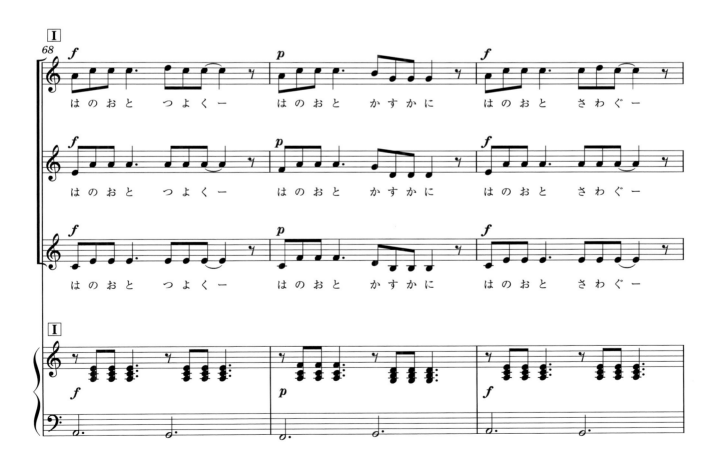

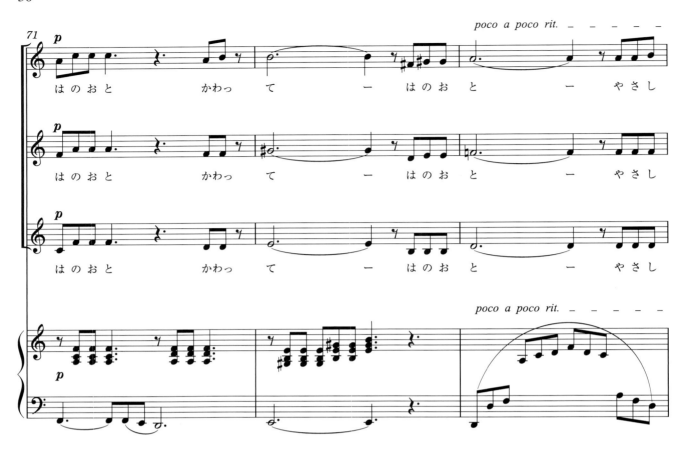
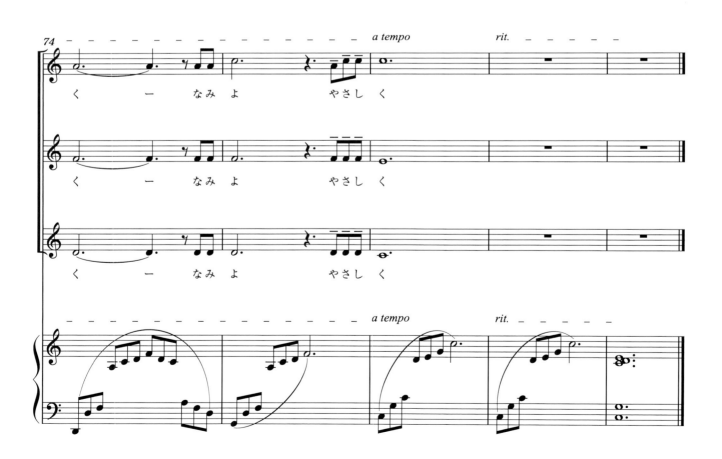

4. 光と木の影に

和合亮一 作詩
上田　益 作曲

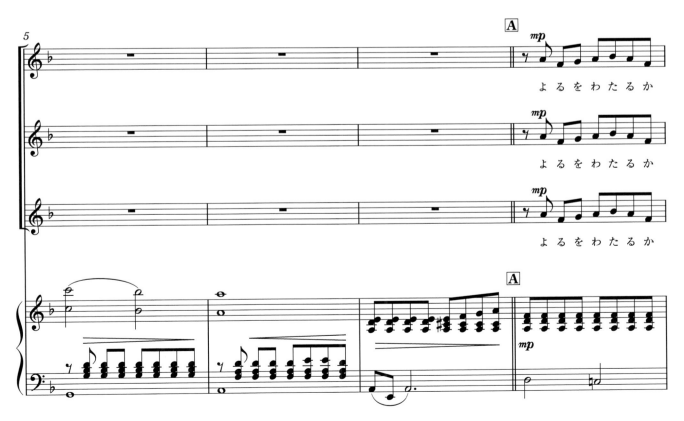

© 2016 by edition KAWAI. Assigned 2017 to Zen-On Music Co., Ltd.
楽譜・音楽書等出版物を複写・複製することは法律により禁じられております。

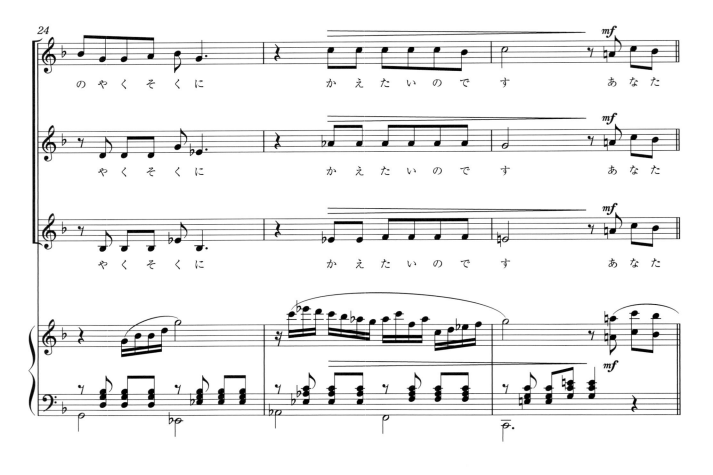

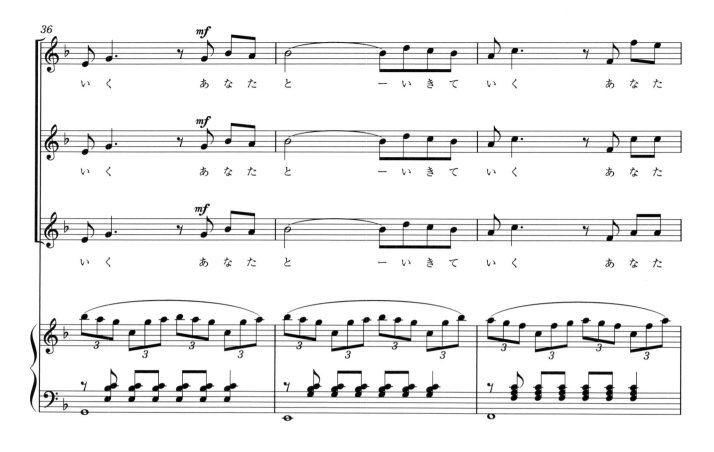

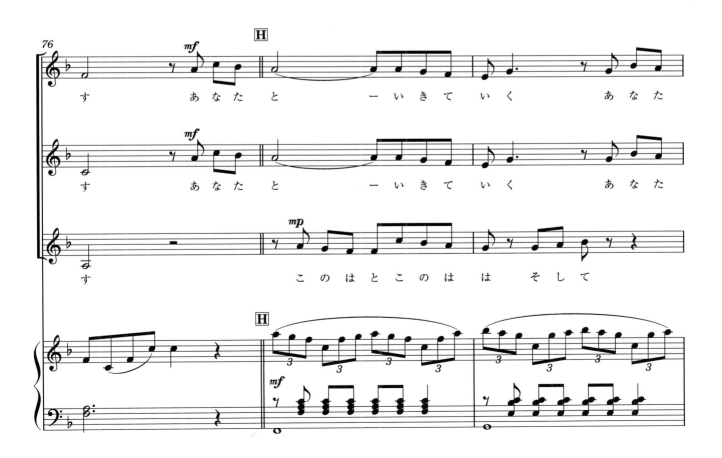

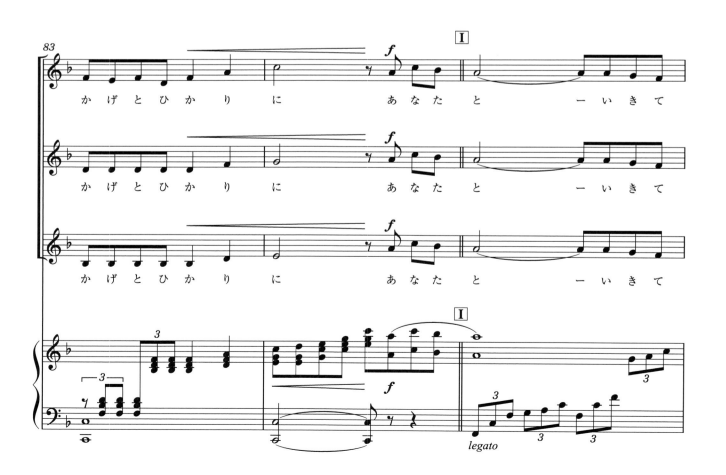

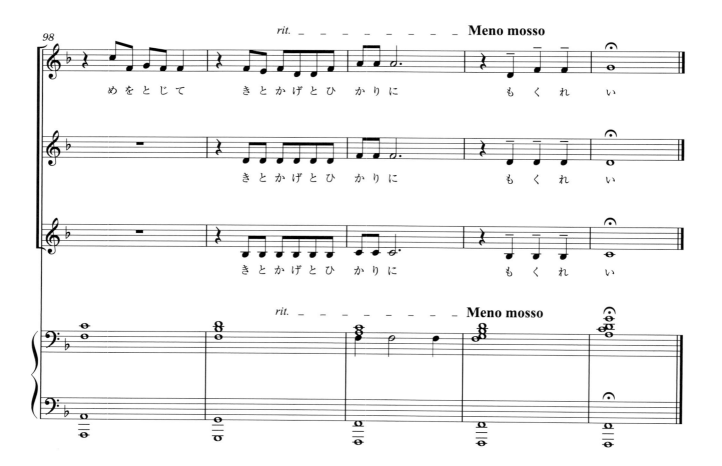

4.　光と木の影に

夜を渡る風を
星と月の歌を
木の影を

わたしの眠る前の
ひとときを

私がこの世界に
生まれてから
続いている

一つの約束に
変えたいのです

あなたと生きていく
ということ

はるかかなたの街で
夜が明けた

はるかかなたの街で
朝焼けに
深呼吸している
人々の涼しさ

静かに息をとめます
あなたを想います

静かに息を吹きます
風が吹きます

はるかかなたの街で

誰も知らない野原で

銀河の果ての丘で

私の心のここで

揺れています

木の葉と
木の葉は
そして
木の葉よ
木の葉に

目を閉じて

木と
影と
光に

黙礼

・作曲の都合上、一部、詩を省いております。

3. 風の音、葉の音

木の葉がさわぐ
風が黙る

木の葉がとまる
風が過ぎる

風と葉の音を
聞いていると

あの日の
波の到来を想う

あの海から

わたしは
何を待っているのか

風の音を味わう
水平線の少し上のあたり
雲が湧きあがっている
それを想う

風の音　つよく
風の音　しずかに
風の音　さわぐ
風の音　かわって
風の音　やさしく

風の音　かすかに
あなたにわたしの心を
伝えようと想う

あなたの命を
生きるということ

あれはわたしの決意

だから
わたしは
よく分かっています

あなたが
想ってくれていること

あなたに
いつも感謝をしている
けれど　それを
うまく伝えられない
あなたに

涙をではなく
心を伝えたい
それなのに
しずくだけが
こぼれてくる

葉の音　つよく
葉の音　かすかに
葉の音　さわぐ
葉の音　かわって
葉の音　やさしく

波よ
やさしく

光と木の影に

和合亮一　詩

1・木の葉

木の葉がさわぐ
木の葉に
木の葉の
影がさわぐ

木の葉がささやく
木の葉が
木の葉の
影がとまる

木の葉がとまる
木の葉と
木の葉の
影がささやく

木の葉が色づく
木の葉を
木の葉が
影が色づく

木の葉の影に
木の葉の影が
木の葉の影と
木の葉の影を

木の葉と
木の葉は
そして
木の葉よ
木の葉に

誰も知らない
野原に
木が一本だけ
立っています

目を閉じて

光と
木の
影に

黙礼

2・つぼみ

木よ
季節には
花と実をつけて
美しい
さなか
頂点になる
そして
忽然と
消えてしまう
涙が止まらない

消すことの出来ない
あなたを失った
悲しみは

花も
実も
つけないもの
だったけれど

今は
ゆっくりと
つぼみを
待っています

【作曲者略歴】
上田 益　Susumu UEDA

1956年大阪生まれ。京都市立芸術大学音楽学部作曲専攻卒業。廣瀬量平氏に師事。京都音楽協会賞受賞。1980年度文化庁芸術家国内研修員に選出され、東京において研鑽を積む。1982年、関西での本格的な作曲活動を開始。以後1994年に拠点を東京に移すまで、演奏家からの委嘱により数多くの作品を発表。また自らも作品展を2度開催。拠点を東京に移してからは、長野オリンピック公式楽曲「WINTER FLAME」などのイベント音楽やNHKのテレビ番組音楽をはじめ、テレビドラマ、アニメなど様々なジャンルにおける創作活動を行っている。またアジアをテーマにした自作品のCDアルバム6タイトルを、これまでにリリース。1999年からは、阪神・淡路大震災の犠牲者の追悼と神戸の復興を願って始まった光のイベント「神戸ルミナリエ」の会場音楽を毎年担当。2008年には神戸の被災者を中心とした合唱団を組織し、追悼と希望の合唱プロジェクト《レクイエム・プロジェクト》を発足。"大切ないのちへの思い"をテーマに、合唱を通して被災地・人・地域がつながるこの活動の輪は、神戸のほか東京、兵庫県佐用町、沖縄、長崎、広島、仙台（大船渡や陸前高田の方々も参加）、北いわて（久慈市、野田村を中心にした北三陸地域）、南相馬、気仙沼といった自然災害や戦災で傷ついた全国10箇所に広がり、その多くの地域で継続した活動が行われている。また海外でもその活動は広がり、2012年のプラハ公演のほか、2014年10月11日には、ウィーンの聖シュテファン大聖堂公式コンサートに於いて、被災地各地から参加した150名を超える合唱団と、現地のプロ・オーケストラとともに自身の作品「レクイエム〜あの日を、あなたを忘れない〜」などを演奏。コンサート終了後、10分以上スタンディング・オベーションが続き、教会でのレクイエム演奏としては異例の反響となった。「黙礼」（カワイ出版刊）など合唱作品も多く、ラテン語の典礼文をテキストにした作品は、イタリアやドイツなどでも演奏されている。

● 上田 益　公式ホームページ　https://www.composer-ueda.com
● レクイエム・プロジェクト　公式ホームページ　https://www.requiem-project.com

女声合唱組曲　**光と木の影に**　和合亮一（わごうりょういち）作詩／上田 益（うえだ すすむ）作曲

● 発行所＝カワイ出版（株式会社 全音楽譜出版社 カワイ出版部）
　〒161-0034 東京都新宿区上落合2-13-3　TEL. 03-3227-6286／FAX. 03-3227-6296
　出版情報 http://editionkawai.jp
● 楽譜浄書＝セブンス　● 印刷・製本＝平河工業社

ⓒ 2016 by edition KAWAI. Assigned 2017 to Zen-On Music Co., Ltd.
● 楽譜・音楽書等出版物を複写・複製することは法律により禁じられております。落丁・乱丁本はお取り替え致します。
　本書のデザインや仕様は予告なく変更される場合がございます。

ISBN978-4-7609-1779-2

2016年11月1日　第1刷発行
2024年4月1日　第2刷発行